Rotraut Susanne Berner
Neue Karlchen-Geschichten

Rotraut Susanne Berner

Neue Karlchen-Geschichten

Ein Vorlese-Bilder-Buch

Carl Hanser Verlag

Müll

„Karlchen, hast du gerade deinen Kaugummi auf die
Straße gespuckt?", fragt Papa.

Die beiden sind unterwegs nach Hause.

„Ja und? Das machen doch alle", sagt Karlchen. „Schau
doch mal! Da und da und da! Überall liegen Sachen
auf der Straße herum."

„Ach, und da denkst du, dass es auf deinen Kaugummi
auch nicht mehr ankommt?"

„Ja, genau", sagt Karlchen und tritt gegen eine Tüte,
die auf dem Gehweg liegt.

„Igitt!", ruft er. „Da sind ja alte Pommes drin! So ein
Mist – jetzt habe ich Ketchup am Schuh!"

„Wisch dir die Schuhe im Gras ab", schlägt Papa vor.

„Keine gute Idee, da ist doch alles voller Hundekacke",
sagt Karlchen und tritt auf ein großes Stück Zeitung,
das jetzt an seinem Schuh kleben bleibt.
Papa muss lachen. „Das ist praktisch, Karlchen. An
deinen Ketchup-Schuhsohlen bleibt jetzt der ganze
Müll von der Straße kleben, und du kannst als Straßen-
kehrer arbeiten!"
„Ja", sagt Karlchen. „Du aber auch, Papa. Du bist
nämlich gerade auf einen Kaugummi getreten!"

Aufbleiben

„Jetzt ist es aber höchste Zeit zum Schlafengehen",
sagt Papa.

„Ich schlafe heute nicht", sagt Karlchen. „Ich bleibe die
ganze Nacht auf."

„Gut", sagt Mama zu Papa, „dann gehen wir schon mal
ins Bett."

„Gute Nacht, Karlchen!", sagen beide, und Karlchen
nimmt das neue Bilderbuch und setzt sich in Papas
Sessel.

Karlchen liest das neue Buch vier Mal. Zweimal von
vorne und zweimal von hinten. Im Wohnzimmer ist es
ganz still.

Karlchen geht zum Fenster und schaut hinter den
Vorhang. Draußen ist es dunkel.
Karlchen geht in die Küche und macht den Kühlschrank
auf.
Im Kühlschrank ist es kalt und hell.
Karlchen nascht von dem Kartoffelbrei, der vom
Mittagessen übrig geblieben ist.
Er trinkt einen Schluck Apfelsaft.
Dann schaut er in den Flur. Durchs Fenster scheint die
Straßenlaterne auf seinen Fahrradhelm.
Hinter ihm knistert es leise.
Im Badezimmer sitzen Teddy, Hund und Pinguin im
Korbsessel.
„Warum seid ihr nicht im Bett?", flüstert Karlchen.
Die drei geben keine Antwort.
„Jetzt ist es aber höchste Zeit zum Schlafengehen",
sagt Karlchen ganz laut.
Im Kinderzimmer brennt das Licht, und im Bett ist es
warm und gemütlich.
Karlchen zeigt Teddy, Hund und Pinguin sein neues
Bilderbuch, dann knipst er die Nachttischlampe aus.
„Gute Nacht!", flüstert Karlchen, und schon sind alle
vier eingeschlafen.

Kleben

„Mir hat das Essen heute gar nicht geschmeckt",
sagt Karlchen.

„Warum denn nicht, Karlchen?", fragt Oma und wäscht
die Teller ab.

„Weil mein Stuhl nicht da ist", sagt Karlchen und weint.

„Dein Stuhl ist doch nur beim Schreiner. Der muss das
wacklige Bein reparieren. Komm, hilf mir ein bisschen
beim Abtrocknen!"

Sie gibt Karlchen ein rot-weiß kariertes Tuch.

Aber Karlchen weint weiter.

„Ich möchte nicht das rote Tuch, ich nehme doch immer
das blaue", sagt er.

„Gut, dann bekommst du eben das blaue", sagt Oma.

Dann trocknen sie zusammen zwei Teller, zwei Tassen
und zwei Gabeln ab.

Karlchen trocknet noch seine kleine blaue Lieblings-
schüssel ab, in der die Sauce war, und Oma geht in die
Speisekammer.

Als sie zurückkommt, hat Karlchen zwei blaue Teile in
der Hand.

„Was ist denn passiert, Karlchen?", fragt Oma.

„Alles geht kaputt", weint Karlchen und zeigt Oma das
Blut an seinem Daumen.

„Aber das ist doch gar nicht so schlimm", sagt Oma
und nimmt Karlchen in den Arm. „Jetzt kleben wir
zuerst ein Pflaster auf deinen Daumen, dann kleben
wir die Schüssel wieder zusammen, und dann rufen
wir beim Schreiner an und fragen, ob er das Stuhlbein
schon angeklebt hat. Und zum Schluss bekommst du
noch ein Bonbon. Das allerklebrigste Karamellbonbon,
das ich habe."

Schleife binden

„Karlchen, komm her!", sagt Oma. „Du darfst heute
deine neuen Schuhe anziehen."

„Ich ziehe keine Schuhe an", sagt Karlchen. „Die Gans
geht auch barfuß."

„Aber du bist doch keine Gans, Karlchen", sagt Oma
und holt die Schachtel mit den Schuhen.

„Warum haben Gänse keine Schuhe an?", fragt
Karlchen.

„Weil sie keine Schuhe brauchen", antwortet Oma und
verjagt die Gans aus dem Blumenbeet.

„Warum brauchen sie keine Schuhe?", fragt Karlchen.

„Weil sie eine ganz dicke Haut an den Füßen haben und
die Nässe und die Kälte gar nicht spüren", sagt Oma.

„Ich habe auch eine ganz dicke Haut an den Füßen",
sagt Karlchen und läuft der Gans in Strümpfen nach.

„Komm sofort hierher, Karlchen!", ruft Oma. „Die Wiese ist nass, und du wirst dich erkälten!"

„Die Gans erkältet sich auch nicht", ruft Karlchen ganz laut, weil er schon ganz hinten beim Gartenhäuschen ist.

„Komm sofort zurück, Karlchen!", ruft Oma und holt ihn ein.

Auf der Gartenbank zieht Karlchen trockene Strümpfe und die neuen Schuhe an.

Seit einer Woche kann er schon selber eine Schleife binden.

Oma schaut zu. „Ich glaube, es gibt noch einen Grund, warum Gänse keine Schuhe anziehen, Karlchen", sagt sie.

„Warum?", fragt Karlchen.

„Weil sie keine Schleife binden können", sagt Oma.

Fernsehen

„Fernsehen ist toll", sagt Karlchen beim Frühstück
und spielt mit der Fernbedienung.
„Morgens wird auf keinen Fall ferngesehen, Karlchen",
sagt Mama und nimmt ihm die Fernbedienung weg.
„Warum nicht?", fragt Karlchen und guckt ganz böse.
„Weil der Tag gerade angefangen hat, und weil es
da Besseres zu tun gibt als Fernsehen", sagt Mama
und nimmt den Staubsauger aus dem Schrank.
„Staubsaugen ist blöd", sagt Karlchen.
„Du könntest ein Buch anschauen", sagt Mama.
„Bücher sind langweilig", sagt Karlchen.
„Mal doch ein Bild", sagt Mama.

„Malen ist doof", sagt Karlchen.

„Gibt's denn *irgendwas,* was du machen möchtest?",
fragt Mama und schaltet den Staubsauger ab.

„Fernsehen", sagt Karlchen.

„Gut", sagt Mama, „gehen wir ein bisschen fernsehen.
Aber draußen. Wir nehmen das Fahrrad und suchen
uns ein schönes Plätzchen. Und dann probieren wir das
Fernglas aus, das Onkel Willi Papa zum Geburtstag
geschenkt hat. Damit kann man ganz prima
fernsehen."

Ruhe

„Karlchen, hast du dir die Zähne schon geputzt?",
ruft Mama aus der Küche.

Karlchen gibt keine Antwort.

Mama liest weiter in der Zeitung.

„Karlchen", ruft Mama noch mal, „hast du dein
Zimmer schon aufgeräumt?"

Karlchen gibt keine Antwort.

Mama gießt sich eine Tasse Kaffee ein.

„Karlchen, hast du das Küken schon gefüttert?",
ruft Mama nach einer Weile.

Karlchen gibt keine Antwort.

Mama seufzt und schreibt den Einkaufszettel.

„Karlchen, du wolltest doch heute ein Bild für Käthes
Geburtstag malen."

Karlchen gibt keine Antwort.

Mama steht auf und geht in Karlchens Zimmer.

Karlchen ist nicht da.

Sie will ins Badezimmer, aber die Tür ist abgeschlossen.

„Karlchen, bist du da drin?", fragt Mama und rüttelt
an der Tür.

Karlchen antwortet nicht.

„Karlchen, mach bitte die Tür auf!", ruft Mama.
Karlchen antwortet nicht.
„Was ist denn los, Karlchen? Warum sperrst du dich
ein?"
Die Tür geht einen Spalt auf, und Karlchen schaut
heraus.
„Weil ich endlich auch mal meine Ruhe haben möchte",
sagt Karlchen. „Darum."

Eigensinn

„Ich will in die Eisdiele!", sagt Karlchen sehr laut
und bleibt stehen.

„Und ich will in den Käseladen", sagt Mama.

„Ich gehe nicht mehr weiter!", sagt Karlchen und legt
sich mitten auf den Gehweg und macht die Augen zu.

„Karlchen! Steh sofort auf! Du kannst dich doch nicht
einfach auf die Straße legen", sagt Mama.

„Doch, meine Füße und ich sind müde."

„Wir sind doch gleich da, Karlchen", sagt Mama.
Sie bückt sich und zupft ihn ein bisschen am Ohr.
Karlchen rührt sich nicht.

„Auch gut", sagt Mama, „wie du willst. Dann bleibst du
eben hier liegen, und ich gehe alleine weiter."

Nach einer Weile blinzelt Karlchen. Er sieht lauter Füße
um sich herum. Mamas Füße sind nicht dabei.

„Was das Kind wohl hat?", sagt eine Frau.

„Vielleicht hat es einen Anfall", sagt ein Mann. „Wir sollten einen Krankenwagen rufen."

„Ich bin nicht krank", sagt Karlchen und steht schnell auf.

Mama steht vorne an der Ecke und schaut ins Schaufenster.

„Ach", sagt sie, „da bist du ja wieder, Karlchen."

„Mama, was ist ein Anfall?", fragt Karlchen.

„Wenn man krank ist, kann man einen Anfall bekommen."

„Aber ich bin ja zum Glück nicht krank", sagt Karlchen.

„Nein", lacht Mama, „du hattest nur einen Anfall von Eigensinn."

„Was ist Eigensinn?", fragt Karlchen.

„Eigensinnig ist man, wenn man immer seinen Willen durchsetzen möchte."

Karlchen denkt nach. Dann sagt er: „Aber Mama, dann bist *du* doch eigensinnig. Immer sagst du mir, was ich machen soll."

„Hm", sagt Mama, „da hast du auch wieder recht. Und deshalb gehen wir jetzt zuerst in den Käseladen und dann in die Eisdiele."

Bei Käthe

„Ich schlafe dieses Mal auf der Gästematratze!",
sagt Käthe.
„Nein!", sagt Karlchen. „Dann gehe ich sofort wieder
nach Hause."
Fast immer, wenn Karlchen bei Kusine Käthe über-
nachten darf, gibt es Streit, weil beide auf der Gästematratze auf dem Fußboden schlafen wollen.
Tante Lene seufzt und sagt: „Gut, dann legen wir
Käthes Matratze eben auch noch auf den Fußboden,
damit ihr Ruhe gebt. Ihr müsst mir aber helfen."
Zusammen legen sie Käthes Matratze neben die
Gästematratze auf den Boden, darüber die Laken
und dann Kissen und Decken.
Zuletzt holt Käthe ihre Stoffkatze Billi, und Karlchen
holt Teddy und Hund.

Jetzt kann man die Kinderzimmertür nur noch ein
bisschen öffnen, weil im Zimmer gar kein Platz mehr ist.
„Ab ins Bad und dann ins Bett!", sagt Tante Lene.
Nach einer Weile steckt sie wieder ihren Kopf durch die
Kinderzimmertür.
Karlchen und Käthe liegen unter ihren Decken und
kichern.
„Das sieht aber sehr gemütlich aus", sagt Tante Lene.
„Ihr habt's gut."
„Du und Onkel Willi, ihr könnt doch auch eure Matrat-
zen auf den Fußboden legen", sagt Karlchen. „Unten ist
es viel schöner als oben im Bett!"
„Ich kann ja mal Onkel Willi fragen, was er dazu meint",
sagt Tante Lene und macht das Licht aus.
„Schlaft gut, ihr zwei!"

Abenteuer

„Was wollen wir zwei denn jetzt machen?", fragt Papa
am Sonntagmorgen.

Mama ist heute bei Oma auf dem Land.

„Fußball spielen?", fragt Karlchen. „Oder fernsehen?"

„Dazu habe ich überhaupt keine Lust, Karlchen.

Wie wäre es denn mit einem Abenteuer?"

„Ja!", ruft Karlchen. „Da müssen wir aber ein Picknick
mitnehmen."

„In Ordnung", sagt Papa.

Im Küchenschrank finden sie zwei Möhrchen, zwei

große Kartoffeln und ein Stück Schokolade. Papa packt alles in den Rucksack.

„Dann brauchen wir noch etwas zu trinken und eine Schnur", sagt Karlchen.

„Gute Idee", sagt Papa und sucht in der Küchenschublade. „Und ein Taschenmesser?", fragt er.

„Ja", sagt Karlchen. „Und Pflaster und Streichhölzer brauchen wir auch."

„Das muss jetzt aber reichen", sagt Papa, „sonst ist es ja kein Abenteuer mehr."

Sie gehen zur Bushaltestelle.

„Wo ist denn das Abenteuer?", fragt Karlchen.

„Hm", sagt Papa, „vielleicht fahren wir zuerst ein Stück mit dem Bus und steigen irgendwo aus, wo wir noch nie waren."

Nach der sechsten Haltestelle steigen Karlchen und Papa aus.

„Hier war ich noch nie", sagt Papa.

„Ich auch nicht", sagt Karlchen. „Hoffentlich finden wir wieder nach Hause."

„Rechts, links oder geradeaus?", fragt Papa.

Karlchen möchte nach rechts gehen. Sie überqueren eine Wiese mit hohem Gras.

Nach einer halben Stunde braucht Karlchen ein Pflaster
für seinen linken Fuß.

Ganz hinten am Ende der Wiese glitzert es.

„Guck, dort ist ein See!", ruft Karlchen und rennt los.

Am Ufer ist ein kleiner Badesteg.

„Och, schade, dass wir keine Badesachen dabeihaben",
sagt Karlchen. „Hier könnte man prima schwimmen!"

Papa kramt im Rucksack. „Na, so was!", sagt er. „Zufällig
finde ich hier ganz unten zwei Badehosen und ein
Handtuch."

Das Wasser ist warm, und nach dem Schwimmen haben
beide einen Riesenhunger. Sie spannen die Schnur
zwischen zwei Bäume und hängen ihre Badesachen auf.

Papa gräbt mit dem Taschenmesser eine Mulde, und
Karlchen sammelt trockenes Holz. Dann machen sie ein
kleines Feuer und legen die Kartoffeln auf die Glut.

Weil es so lange dauert, essen sie die Möhrchen und die
Schokolade als Vorspeise. Die Kartoffeln sind lecker
und heiß.

„Am besten war die Schokolade", sagt Karlchen abends
zu Mama.

„Und wie war's im Wasser?", fragt Mama.

Aber da ist Karlchen schon eingeschlafen.

Manieren

„Karlchen, du sollst dir die Hände doch nicht immer
an der Hose abwischen", sagt Mama. „Und nimm bitte
den Ellbogen vom Tisch!"
„Jahaha", sagt Karlchen und stochert in seinem Spinat
herum.
Ein großer Spinatbatzen fällt von seiner Gabel auf
die Tischdecke.
„Karlchen! Jetzt reicht es mir aber. Du bist doch kein
Baby mehr!", sagt Mama sauer.
„Das ist mir doch ganz egal, wie man isst", sagt Karl-
chen.
„Mir aber nicht", sagt Mama. „Das sieht einfach
unappetitlich aus."
„Es ist doch niemand da, der es sieht", sagt Karlchen.
„Ach so", sagt Mama und muss ein bisschen lachen.
„Bin ich niemand?"

„Doch, aber wir kennen uns doch schon", sagt Karlchen.

„Was hältst du denn davon", sagt Mama, „heute essen
wir mal ganz vornehm, und morgen darfst du dann so
essen wie ein Ferkel. Im Garten. Mit Spaghetti und
Tomatensauce."

„Wirklich, Mama?", ruft Karlchen. „Darf ich dazu Ole
und Thomas einladen? Die können nämlich besonders
gut wie die Ferkel essen, das üben die jeden Tag im
Kindergarten."

„Gut, du kannst sie einladen, aber *wir* üben jetzt mal
mit Messer und Gabel und Serviette."

„Gut", sagt Karlchen und muss lachen.

„Warum lachst du, Karlchen?"

„Du hast Spinat auf der Nase, Mama."

Krank

„Mama, ich habe Bauchweh", jammert Karlchen.

„Oje", sagt Mama, „du siehst auch ganz blass aus.
Am besten, du gehst ins Bett."

Karlchen friert und zieht sich die Decke über die Nase.
Mama kommt mit Möhrensaft und legt ihm eine kühle
Hand auf die Stirn.

„Erzähl mir bitte eine Geschichte!", sagt Karlchen.

„Gut", sagt Mama und überlegt.

„Es war einmal ein kleines Kaninchen", beginnt sie,
und dann klingelt es.

„Moment, Karlchen", sagt Mama und geht zur Tür.

„Es war Oles Mutter", sagt sie, als sie zurückkommt.
„Ole hat Bauchweh."

„Komisch", sagt Karlchen. „Bitte erzähl weiter!"

„Gut", sagt Mama. „Es waren einmal ein kleines Kaninchen und sein bester Freund, die waren krank."
Da klingelt es schon wieder.

„Moment, Karlchen", sagt Mama und geht noch mal zur Tür.

„Das war Tante Lene", sagt sie. „Deine Kusine Käthe hat Bauchweh. Komisch. Jetzt geht es aber weiter mit der Geschichte: Es waren einmal ein kleines Kaninchen, sein bester Freund und seine Kusine, die waren krank und mussten im Bett bleiben."
Da klingelt das Telefon.

„Moment, Karlchen", sagt Mama.

„Diesmal war es Friedrich", seufzt Mama, als sie das dritte Mal zurückkommt. „Er lässt ausrichten, dass sein Bruder Wilhelm Bauchweh hat. Gut. Wo waren wir stehen geblieben? Ach ja: Es waren einmal ein kleines Kaninchen, sein bester Freund, seine Kusine und ein halber Zwilling. Alle waren krank und mussten im Bett bleiben. Dabei hatten sich alle so auf den Nachmittag und das Picknick im Garten gefreut."

„Mama", sagt Karlchen, „es ist nicht so schlimm. Gestern hatten wir ja schon ein kleines Picknick bei Lene im Garten."

„Ach ja?", fragt Mama. „Was war denn das für ein Picknick?"

„Die Gummibärchen und die Schokoplätzchen waren superlecker", sagt Karlchen, „aber die Äpfel und die Pflaumen waren ganz schön sauer."

„Das kommt daher, dass die im Juli noch nicht reif sind", sagt Mama. „Aber jetzt ist wenigstens klar, warum ihr alle Bauchweh habt. Na ja, morgen wird es sicher vorbei sein, dann können wir das Picknick nachholen."

„Ja", ruft Karlchen, „am besten mit viel Schokolade, die ist ja immer reif!"

Rechtzeitig

„Warum bist du denn schon aufgestanden, Karlchen?
Es ist ja noch ganz dunkel draußen!", sagt Mama.
Karlchen steht vor ihrem Bett und zupft an der Bett-
decke.
„Damit ich nicht verschlafe", sagt Karlchen. „Wir
machen heute doch unseren Ausflug mit dem Kindergarten."
„Ich weiß, Karlchen", sagt Mama und dreht sich wieder
um. „Aber lass mich bitte weiterschlafen. Jetzt ist es
fünf Uhr, und um zehn geht der Ausflug erst los. Bis
dahin sind es noch fünf Stunden!"

„Wie lange muss ich zählen, bis fünf Stunden vorbei sind?", fragt Karlchen.

„Viel zu lange", sagt Papa, der inzwischen auch aufgewacht ist. „Geh noch mal ins Bett, Karlchen! Wir wecken dich dann rechtzeitig."

Karlchen geht in sein Zimmer und packt alles, was er mitnehmen möchte, in seinen Rucksack. Dann legt er sich wieder ins Bett.

Er wacht erst auf, als Mama ihn weckt und die Sonne schon richtig durchs Fenster scheint.

„Karlchen, wach auf, es tut mir leid, jetzt haben wir
doch verschlafen. Komm schnell, schnell, beeil dich,
vielleicht schaffen wir es noch rechtzeitig!"
Mama fängt an, in seinem Zimmer herumzusuchen.
„Wo sind denn deine Kleider, Karlchen?"
Karlchen schlägt die Decke zurück und springt fertig
angezogen, mit Hosen und Schuhen, aus dem Bett.
„Ich habe mich gestern Abend gleich wieder angezogen, Mama. Das ist doch praktisch, oder? Damit wir
es noch rechtzeitig schaffen!"

Kämpfen

„Karlchen, könntest du ein bisschen leiser sein beim
Spielen?", fragt Papa und raschelt mit der Zeitung.
„Nö", sagt Karlchen. „Wir kämpfen, und da muss es
laut sein."
„Wer kämpft denn?", fragt Papa und raschelt weiter.
„Alle kämpfen", sagt Karlchen, und dann ruft er laut:
„Angriff, Achtung! Ich schieße!"
„Das hört sich ja gefährlich an", sagt Papa und legt die
Zeitung weg. „Worum geht es denn in dem Kampf?"
„Weiß ich doch nicht. Nur so. Alle streiten sich und
schießen", sagt Karlchen.
„Und *wer* streitet sich?", will Papa wissen und betrach-
tet den Fußboden.
Da liegen Teddy, Hund und Pinguin auf der einen Seite.
Die Kasperlepuppe und alle Plastikfiguren liegen auf

der anderen Seite. Dazwischen hat Karlchen eine
Mauer aus Bauklötzchen gebaut.

„Gleich sind alle tot", sagt Karlchen und schießt weiter
mit seiner Holzpistole. „Peng, peng!"

„Ist das nicht langweilig, wenn alle tot sind?", fragt
Papa. „Dann gibt es ja bald niemanden mehr, mit dem
man spielen kann. Komm, lass uns eine Runde
Mensch-ärgere-dich-nicht spielen!"

Nach einer Weile schaut Mama zur Tür herein.

„Könntet ihr nicht ein bisschen leiser sein beim
Spielen?", fragt sie. „Man kann ja sein eigenes Wort
nicht verstehen."

„Nö", sagt Papa. „Wir ärgern uns, und ärgern kann man
sich nur laut."

„Ja", sagt Karlchen. „Und ich muss mich besonders
ärgern, weil Papa immer schummelt."

Finderlohn

„Warum hast du das blaue Fahrrad aufgehoben?", fragt Karlchen. Er ist mit Mama unterwegs beim Einkaufen.

„Rate mal, Karlchen", sagt Mama.

„Weil es umgefallen ist?", sagt Karlchen.

„Genau", antwortet Mama.

„Aber das Fahrrad gehört uns doch gar nicht."

„Ja und?", sagt Mama. „Wenn *dein* Rad irgendwo umfällt, dann freust du dich doch auch, wenn es jemand aufhebt."

„Hm", sagt Karlchen und dreht sich um. „Jetzt schließt eine Frau das Fahrrad auf und merkt nicht mal, dass es umgefallen war."

„Aber wenn es deswegen kaputtgegangen wäre, würde sie es schon merken", sagt Mama. „Weißt du noch, wie du Pinguin mal unterwegs verloren hast? Und wie der nette Mann uns die ganze Strecke hinterhergelaufen ist, um ihn dir wiederzugeben?"

„Ja, der war nett", sagt Karlchen, „dem hab ich dann mein letztes Bonbon geschenkt. – Was bekommt man denn, wenn man ein Fahrrad aufhebt?"

„Gar nichts", sagt Mama. „Finderlohn gibt es nur, wenn man etwas gefunden und zurückgegeben hat."

„Schau mal, Mama, jetzt fährt die Frau mit dem blauen Fahrrad weg. Wenn wir ihr sagen, dass wir es aufgehoben haben, bekommen wir vielleicht einen Aufheberlohn."

Angeberei

„Ich war heute der Schnellste beim Wettlauf im Kindergarten", sagt Karlchen beim Abendessen.

„Und ich war heute Morgen der Erste bei der Arbeit",
sagt Papa.

„Ich habe heute aber den allerhöchsten Turm mit den
Bauklötzchen gebaut", sagt Karlchen und gibt Mama
seinen Teller zum Nachfüllen.

„Ich war sogar schon vor dem Chef da", sagt Papa und
nimmt sich noch einmal eine große Portion.

„Beim Memory-Spielen habe ich gewonnen, und beim
Dornröschen war ich der Prinz", sagt Karlchen mit
vollem Mund.

„Tja, und nächste Woche bekomme ich dann endlich
den neuen Computer. Mit einer riesigen Speicher-

kapazität", sagt Papa und schaut enttäuscht in die leere Schüssel.

„Nur falls es jemanden hier interessiert", sagt Mama, „ich habe heute wahrscheinlich den besten Kartoffel-salat der Welt gemacht."

Waldausflug

„Erzähl mal, Karlchen, wie war denn euer Kindergarten-
ausflug in den Wald?", fragt Papa.

„Das war doch kein Ausflug, das war eine Expedition,
und ich habe dir sogar was mitgebracht", sagt Karlchen.
„Es war toll! Zuerst kamen wir an dem Ameisenhügel
vorbei …"

„Stell dir vor, Karlchen", sagt Papa, „eine Ameisen-
königin kann 25 Jahre alt werden."

„… und in der Schlucht", erzählt Karlchen weiter,
„haben wir die große Eule oben im Baum gesehen …"

„Eulen sind total interessant", sagt Papa. „Weißt du

eigentlich, dass so eine Eule ihren Kopf um 270 Grad drehen kann?"

„Nö", sagt Karlchen, „und dann haben wir fünf Fliegenpilze in einem großen Kreis gesehen …"

„Ein Hexenkreis!", ruft Papa. „Das nennt man einen Hexenkreis. So ein Fliegenpilz ist übrigens ganz schön giftig. Zum Glück kann man ihn aber leicht an seiner roten Farbe und den weißen Tupfen erkennen."

Karlchen ist aufgestanden und setzt sich draußen vor die Haustür.

„Soll ich *dir* vom Wald erzählen?", fragt er Teddy, der neben ihm sitzt. „Dort ist es toll. Es gibt Ameisen, Eulen und Fliegenpilze. Dann haben wir noch eine Fuchs-höhle entdeckt, und auf den Baumstämmen am Pick-nickplatz haben wir dann unsere Brote gegessen. Martine hat fast alle Vogelstimmen gekannt. Auf dem Heimweg haben wir noch Brombeeren gepflückt.

Ein paar habe ich gleich probiert, aber die meisten habe ich für Papa gesammelt. In meiner Brotdose. Aber jetzt esse ich die lieber selber auf."

Reisen

„Ich sehe was, was du nicht siehst", fängt Mama an,
„und das ist gelb."

Karlchen und Mama fahren mit dem Zug in die Stadt.

Karlchen freut sich. Er schaut zum Fenster raus.

„Ist es der Kirchturm dahinten?", fragt er.

„Nein, es ist nicht der Kirchturm."

„Ist es das Schild auf der Limoflasche?", fragt Karlchen.

„Ja!", sagt Mama. „Trink doch mal einen Schluck."

„Lieber nicht", sagt Karlchen.

„Warum denn nicht?", fragt Mama. „Bist du nicht
durstig?"

„Schon, aber ich will nicht", sagt Karlchen. „Ich sehe
was, was du nicht siehst, und das ist rot."

„Hm, ist es vielleicht die Notbremse da oben?",
fragt Mama.

„Genau", sagt Karlchen. „Wofür braucht man denn
eine Notbremse, Mama?"

„Die braucht man nur, wenn etwas Gefährliches
passiert. Zum Beispiel, wenn jemand krank wird,
oder wenn es brennt. Aber ich habe noch nie erlebt,
dass jemand die Notbremse ziehen musste."

„Mama, gibt es auf dem Klo auch eine Notbremse?"

„Weiß ich nicht, Karlchen, warum fragst du?"

„Weil dort etwas Gefährliches passieren kann!"

„Wie kommst du denn darauf, Karlchen?"

„Man kann durchs Klo auf die Schienen sehen und
durchfallen."

„Ach so. Da kannst du nicht durchfallen, Karlchen.
Dafür bist du doch viel zu groß."

„Gut, Mama. Gib mir doch bitte mal die Limoflasche!
Ich habe einen Riesendurst."

Monika

„Wo hast du denn die schöne rote Murmel her,
Karlchen?", fragt Mama auf dem Nachhauseweg vom
Kindergarten.

„Die habe ich geschenkt bekommen", sagt Karlchen.

„Das ist aber eine besonders schöne Murmel, wer hat
sie dir denn geschenkt?"

„Kennst du nicht. Die Monika ist neu im Kindergarten.
Sie ist erst vier Jahre alt. Eigentlich noch ein Baby."

„Na ja, jetzt übertreibst du aber, Karlchen. Deine
Schwester Klara ist ein Baby – aber mit vier ist man
doch kein Baby mehr. Wie sieht sie denn aus?"

„Na, wie ein Mädchen eben. Sie hat eine ganz kleine
Nase und große braune Augen und kann superschnell
rennen. Heute Morgen hat sie mich nicht von der

Wippe runtergelassen und mir beide Schnürsenkel aufgemacht."

„Dann ist sie aber ganz schön stark, Karlchen."

„Ich bin aber noch viel stärker als sie. Ich kann viel höher schaukeln, und beim Fußball habe ich sie drei Mal umgeworfen."

„Ja, und warum hat sie dir dann die Murmel geschenkt?"

„Weil ich sie beim Fangen nicht losgelassen habe und ihr zwei von meinen doppelten Fußballbildchen geschenkt habe und weil ich sie sowieso zu meinem Geburtstag einlade."

Was möchtest du werden?

„Das wird aber ein schönes Bild, Karlchen, was malst du denn da?", fragt Papa und schaut ihm über die Schulter.

„Siehst du das denn nicht?", sagt Karlchen. „Das hier ist ein Polizeiauto mit Blaulicht!"

„Und wer sitzt da drin?", fragt Papa.

„Das ist Friedrich. Der wird mal Polizist, hat er gesagt. Er fährt mit dem Polizeiauto gerade aus der Polizei-garage. Weil ein Einbrecher gejagt wird. Das Polizei-auto holt ihn ein, und dann wird er verhaftet."

„Aha, und der da mit der Mütze, ist das der Dieb?"

„Nein", sagt Karlchen, „das ist Ole. Er ist der Reporter von der Zeitung. Der schreibt alles auf."

„Ole will also mal Reporter werden", sagt Papa und zeigt auf das Blatt. „Und wer ist das da?"

„Das ist Benno, der berühmteste Polizeihund der Welt, der kann die Verbrecher riechen, und dann findet er sie in ihrem Versteck.“

„Und der Mann daneben?“

„Das ist Wilhelm. Der wird Hundeführer bei der Polizei, wenn er groß ist.“

„Aha“, sagt Papa, „ich sehe schon, ihr wollt alle mal bei der Polizei arbeiten. Du auch, Karlchen? Möchtest du auch Polizist werden?“

„Nein, ich will kein Polizist werden“, sagt Karlchen.

„Aha, darum bist du also nicht auf dem Bild drauf“, sagt Papa.

„Klar bin ich drauf. Man sieht mich nur nicht, weil ich hier oben im Polizeigebäude bin. Ich werde nämlich mal Polizeipräsident.“

Unordnung

„Mama, ich kann meine neue Taschenlampe nicht
finden", ruft Karlchen aus dem Kinderzimmer.
„Ich habe sie nicht gesehen", sagt Mama, die zum
Einkaufen gehen will. „Aber hast du vielleicht meinen
Schlüssel irgendwo gesehen?"
„Nein", sagt Karlchen. „Ich weiß aber genau, dass die
Taschenlampe gestern noch da war."
„Hm", sagt Mama. „Ich habe doch vorhin noch die Tür
aufgeschlossen. Er muss irgendwo hier liegen!"
„Bestimmt hat Papa meine Taschenlampe benutzt",
sagt Karlchen und tritt wütend gegen das Tischbein.
„Wahrscheinlich hat Papa den Schlüssel mal wieder
eingesteckt", sagt Mama sauer. „Vielleicht ist er aber

auch hinter die Kommode gefallen. Kannst du nicht mal
mit deiner Taschenlampe dahinterleuchten, Karlchen?"
„Mama, ich kann doch meine Taschenlampe nicht
finden!", sagt Karlchen.

„Ach so, stimmt ja", sagt Mama und seufzt. „Dann helfe
ich dir erst mal suchen. Es sieht aber auch dermaßen
unordentlich aus bei dir, Karlchen. Du musst mal
wieder gründlich aufräumen."

„Jaha", sagt Karlchen und schaut unters Bett.

„Mama!", ruft Karlchen. „Schau mal, ich habe mein
Lieblingshemd gefunden. Das mit dem Pinguin drauf.
Und ein Söckchen! Hier, unter dem Bett!"

„Na, so was, Karlchen", sagt Mama. „Und schau mal,
was hier unter deinen ganzen Malsachen liegt!"

„Juhu, meine Taschenlampe!", ruft Karlchen und rennt
in den Flur.

Mama läuft hinter ihm her. „Was suchst du denn in
meiner Einkaufstasche, Karlchen?"

„Ich durchleuchte die Tasche, Mama. In der sieht es aber
unordentlich aus. Und schau mal, was ich gefunden
habe!"

„Meinen Schlüssel!", ruft Mama.

Und dann müssen beide ziemlich lachen.

Klara

„Papa, liest du mir aus meinem Buch vor? Ich möchte
unbedingt wissen, wie es weitergeht", sagt Karlchen.

„Das geht jetzt gar nicht, Karlchen", antwortet Papa.

„Ich muss die Wickelkommode von Klara reparieren.
Aber frag doch mal Mama."

Karlchen geht mit seinem Buch in die Küche.

„Liest du mir vor, Mama?"

„Du siehst doch, dass ich deine kleine Schwester füttern
muss, Karlchen. Tut mir leid. Später vielleicht."

Karlchen geht in sein Zimmer und haut die Tür ganz laut
hinter sich zu.

„Doofe Klara!", sagt er und legt sich auf sein Bett.

Mama schaut zur Tür herein. Sie hat Klara auf dem Arm.

„Karlchen, könntest du dich bitte mal kurz um Klara kümmern? Wir müssen für zehn Minuten weg."

„Geht nicht", sagt Karlchen. „Ich muss jetzt das Küken füttern."

„Gut, dann warten wir noch, bis du damit fertig bist."

Karlchen geht in den Garten und schimpft vor sich hin: „Doofes Küken!" Er streut dem Küken ein paar Körnchen hin und gibt ihm frisches Wasser.

Als er zurückkommt, sitzt Klara auf seinem Bett und lacht ihn an.

„Schau, wie sie sich freut, dass du wieder da bist, Karlchen", sagt Mama. „Wir sind gleich wieder zurück, dann gibt es Abendbrot, und vor dem Schlafengehen lesen wir weiter in deinem Buch. Ganz bis zum Schluss."

Kuscheln

„Gute Nacht!", sagt Mama und gibt Karlchen einen
Gutenachtkuss.

„Du riechst gut, Mama", sagt Karlchen.

„Soll ich dir noch eine Geschichte erzählen?",
fragt Mama.

„Ja", sagt Karlchen. „Erzähl mir die Geschichte von
dem kleinen Bären."

„Gut", sagt Mama und kriecht ein bisschen mit unter
die Decke. „Es war einmal ein kleiner Bär, der machte
nach dem Aufstehen einen Spaziergang. Er blickte sich
um und sah in einem Baumstamm ein kleines Fenster
mit gelben Fensterläden. Vorsichtig kratzte er daran."
An dieser Stelle kratzt Mama mit der Hand ein bisschen über Karlchens Rücken.

„Da ging das Fenster auf, und der kleine Bär kletterte hinein", erzählt Mama weiter. „In einer schönen großen Küche lag auf dem Küchentisch ein herrliches Honigbrot. Der kleine Bär aß das Honigbrot, blickte sich um und sah an der Wand einen großen roten Schrank. Vorsichtig kratzte er an der Schranktür."
Jetzt kratzt Mama ein bisschen mehr über Karlchens Rücken.

„Da ging die Schranktür ganz von alleine auf, und der kleine Bär ging hinein. In einem runden Zimmer war eine große Eisenbahn aufgebaut. Der kleine Bär spielte mit der Eisenbahn, blickte sich um und sah eine Kellertreppe mit einer grünen Gittertür. Vorsichtig kratzte er an dem Gitter."

Mama kratzt jetzt ganz lange über Karlchens Rücken.
„Weiter!", sagt Karlchen.

„Da ging die Tür auf, und der kleine Bär ging hinein. Das Zimmer hatte eine blaue Decke und war ganz mit weichem Moos ausgelegt, und weil der kleine Bär so müde war, legte er sich hin und schlief gleich ein."

„Mehr!", sagt Karlchen.

Mama krabbelt noch ein bisschen an seinem Rücken, aber da ist Karlchen schon eingeschlafen.

Raten

„Sind wir bald da?", fragen Karlchen und Käthe
vom Rücksitz.

„Wir sind doch gerade erst losgefahren", sagt Tante
Lene. „Es dauert bestimmt noch eine Viertelstunde."
Tante Lene fährt mit Karlchen und Käthe zu Oma
aufs Land.

„Lasst uns doch Tiere raten", schlägt Tante Lene vor.
„Wer fängt an?"

„Ich!", ruft Karlchen.

„Nein, ich!", ruft Käthe.

„Gut, dann fange *ich* an, damit es keinen Streit gibt. Die
Regeln kennt ihr ja: Ihr dürft zusammen zehn Fragen
stellen. Ich darf aber nur mit Ja oder Nein antworten",
sagt Tante Lene und hält an der roten Ampel an.

„Mein Tier ist klein und wohnt gerne im Garten."

„Kann es fliegen oder schwimmen?", fragt Karlchen.

„Du musst anders fragen", sagt Käthe. „So, dass man mit Ja oder Nein antworten kann."

„Also, kann es fliegen?", fragt Karlchen.

„Nein", sagt Tante Lene.

„Hat es vier Beine?", fragt Käthe.

„Ja", sagt Tante Lene.

„Ist es weich?", fragt Karlchen.

„Nein, überhaupt nicht!", antwortet Tante Lene und lacht.

„Legt es Eier?", fragt Käthe.

„Nein, es ist ein Säugetier", sagt Tante Lene und biegt nach links in einen kleinen Waldweg ein.

„Ist es ein gefährliches Tier?", fragt Karlchen.

„Nein, eher nicht", sagt Tante Lene.

„Das ist aber schwer, Tante Lene", sagt Karlchen und muss sich in seinem Kindersitz festhalten. Tante Lene hat scharf gebremst, und das Auto bleibt stehen.

„Was ist los?", fragt Käthe.

„Ein Igel! Und das am helllichten Tag. Na, so was! Das ist ja gerade noch mal gut gegangen", lacht Tante Lene.

„Ein Igel! Ist es ein Igel?", fragt Karlchen.

„Genau", sagt Tante Lene und legt den ersten Gang ein.

Pflichten

„Karlchen, könntest du bitte das Geschirr in die Küche
tragen?", fragt Papa am Sonntagmittag.
„Ich habe keine Lust, ich möchte mit meiner neuen
Eisenbahn spielen", sagt Karlchen.
„Ach, komm schon, zusammen geht es doch viel
schneller!"
Karlchen nimmt zwei Teller und geht damit in die Küche.
Er stolpert fast über die Eisenbahnschienen, die Papa
und er zusammen vom Kinderzimmer bis in die Küche
gelegt haben.
„Bitte bring mir doch den Rest auch noch, Karlchen",
sagt Papa, der den Abwasch macht.
„Ach nö", sagt Karlchen. „Ich will jetzt endlich spielen!"
„Nur noch das Besteck und die Becher, bitte!"

„Gut", ruft Karlchen aus dem Wohnzimmer, „aber dann bin ich fertig!"

Er rennt in sein Zimmer und baut weiter an seiner Eisenbahnanlage, die er zum Geburtstag bekommen hat. Am Bahnhof fehlt noch die Schranke, und auch die tolle Brücke mit dem echten Geländer muss noch zusammengebaut werden.

Dann stellt Karlchen alle seine Plastikfiguren auf.

Die meisten stehen am Bahnsteig, und die Ritter und Monster sind oben auf der Brücke und schauen herunter.

Plötzlich hört Karlchen ein lautes Pfeifen. Die neue Lokomotive kommt mit drei Güterwaggons direkt durch die Kinderzimmertür gefahren!

Auf dem ersten Waggon liegen zwei Löffel, auf dem zweiten ein paar Papierservietten, und der dritte Waggon – Karlchen kann es kaum glauben – ist bis oben mit einem Berg aus echtem, rosarotem Himbeerpudding beladen!

Papa kommt aus der Küche und pfeift noch mal auf seiner Trillerpfeife. „Weil wir den Nachtisch vergessen haben, Karlchen. Und weil du mir beim Abräumen geholfen hast."

Herbst

„Was ist los mit dir, Karlchen?", fragt Mama beim
Frühstück.

„Nichts", murmelt Karlchen und schaut traurig auf sein
Honigbrot.

„Hast du keinen Appetit?"

„Nein", sagt Karlchen. Er trinkt einen kleinen Schluck
von seinem Kakao und legt den Kopf auf die Arme: „Es
regnet, und heute ist Samstag, und Ole ist krank, und
Papa ist verreist, und meine Laterne ist kaputtgegangen,
und Käthe ist bei ihrer besten Freundin, und mein Kopf
tut weh."

„Ojemine, Karlchen, das ist aber viel auf einmal", sagt
Mama. „Gegen das Wetter kann man nichts machen,
und dagegen, dass Papa und Käthe unterwegs sind, auch
nicht. Aber wegen der Laterne würde mir schon was
einfallen – wir könnten zum Beispiel eine neue basteln."

„Keine Lust", sagt Karlchen. „Bei mir klebt das nie, ich kann das nicht. Laternen sind sowieso doof. Ich möchte lieber den Kürbis ausschneiden."

„Gute Idee", sagt Mama.

Zuerst wird der Kürbis ausgehöhlt. Karlchen und Mama löffeln große Stücke oben aus dem aufgeschnittenen Kürbis. Dann zeichnet Karlchen mit dem Filzstift ein schreckliches Monstergesicht darauf. Mama schneidet mit dem scharfen Messer alles ganz genau aus.

Zum Schluss stellen sie drei Teelichter in den Kürbis,

und Mama macht eine Kürbissuppe, während die Kerne aus dem Kürbis unten im Backofen langsam trocknen.

„Weißt du was, Karlchen? Wenn Papa heute Abend nach Hause kommt, ist es schon dunkel, dann machen wir alle Lampen in der Wohnung aus und zünden die drei Teelichter im Kürbis an."

„Mama, mein Kopf tut mir gar nicht mehr weh", sagt Karlchen.

„Dafür sieht das Kürbismonster so aus, als würde ihm alles wehtun", lacht Mama. „Da wird Papa einen schönen Schreck bekommen!"

Inhalt

Rotraut Susanne Berner zählt zu den großen zeitgenössischen Bilderbuchkünstlerinnen. Neben vielen anderen Auszeichnungen erhielt sie den Sonderpreis zum Deutschen Jugendliteraturpreis für ihr Gesamtwerk. Für das Hanser Kinderbuch illustrierte sie u. a. Bücher von Hans Magnus Enzensberger, Franz Hohler, Hanna Johansen und Bart Moeyaert. Ihre Karlchen-Bücher erscheinen seit 2001.

Alle bisher erschienen Karlchen-Bücher auf einen Blick:

Pappbilderbücher: Guten Morgen, Karlchen! | Gute Nacht, Karlchen! | Wo ist Karlchen? | Karlchen geht einkaufen | Ein Schwesterchen für Karlchen!

Bilderbuch: Karlchen vor, noch ein Tor!

Vorlese-Bilder-Bücher: Karlchen-Geschichten | Neue Karlchen-Geschichten

4. Auflage 2019 | ISBN 978-3-446-23676-9
© 2011 Carl Hanser Verlag GmbH & Co. KG, München | Satz im Verlag
Lithos: Fotosatz Amann, Memmingen | Druck und Bindung:
TBB, a.s., Banská Bystrica | Printed in Slovak Republic

MIX
Aus verantwortungs-
vollen Quellen
FSC® C022120
FSC
www.fsc.org